De:

Para:

Reflexiones sobre la generosidad / selección
Luis A. Escobar ; ilustraciones Beatriz Eugenia
Arias Arroyave. — Bogotá : Panamericana
Editorial, 2003.
  96 p. : il. ; 9 cm. — (Canto a la vida)
  ISBN 958-30-1057-X
  1. Valores (Filosofía) - Citas, máximas, etc. I. Arias
Arroyave, Beatriz Eugenia, il. II. Serie
  177.7 cd 20 ed.
  AHQ7943

  CEP-Banco de la República-Biblioteca
  Luis Ángel Arango

Reflexiones sobre la Generosidad

PANAMERICANA
EDITORIAL

Editor
Panamericana Editorial Ltda.

Edición
Adriana Paola Forero

Selección de textos
Luis A. Escobar

Diagramación
Claudia Vélez

Ilustraciones
Beatriz Eugenia Arias Arroyave

Primera edición, septiembre de 2003
Primera reimpresión, abril de 2004
© Panamericana Editorial Ltda.
Calle 12 No. 34-20 Tel.: 3603077
www.panamericanaeditorial.com
panaedit@panamericanaeditorial.com
Bogotá D. C., Colombia

ISBN 958-30-1057-X

Todos los derechos reservados.

Impreso por Panamericana
Formas e Impresos S.A.
Calle 65 No. 95-28 Tel.: 4302110
Quien sólo actúa como impresor.
Impreso en Colombia
Printed in Colombia

*La gente
que da mucho
es propensa
a recibir
del mismo
modo.*

Jean de
La Bruyère

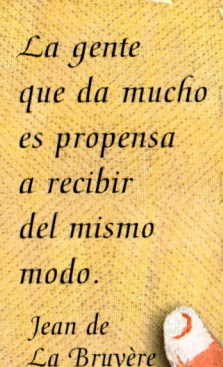

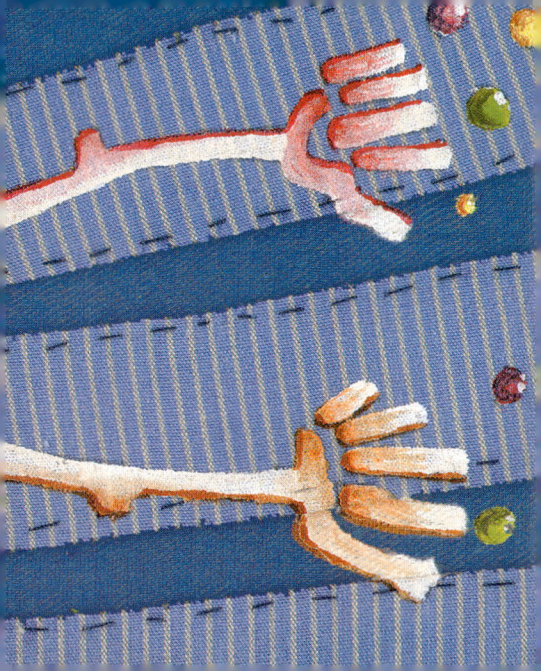

La generosidad no es otra cosa que la piedad de las almas nobles.

Chamfort

*La manera
de dar
vale más
que lo que
se da.*

Corneille

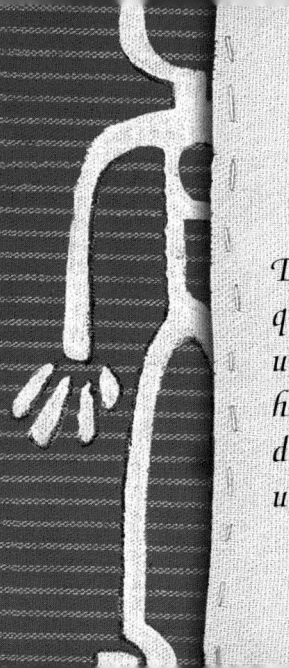

Dondequiera que hay un hombre, hay ocasión de hacer un beneficio.

Séneca

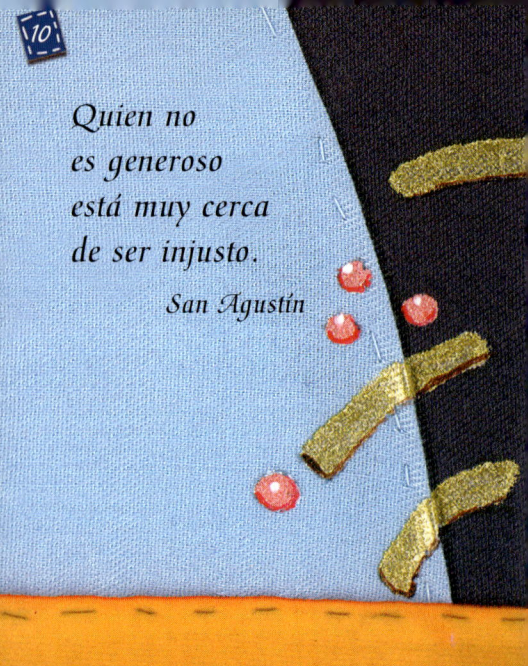

Quien no es generoso está muy cerca de ser injusto.

San Agustín

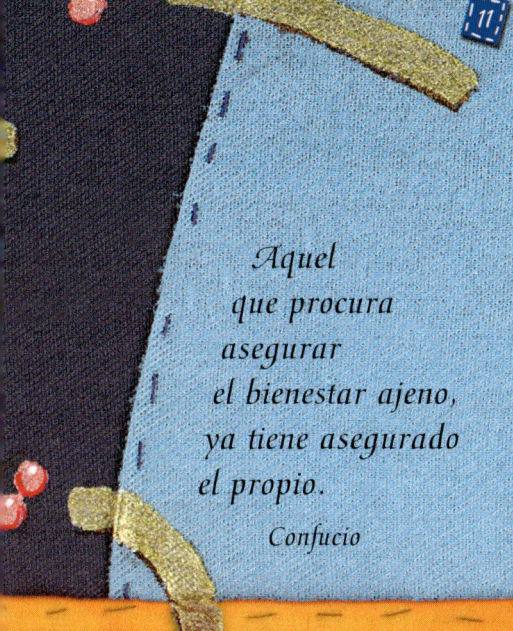

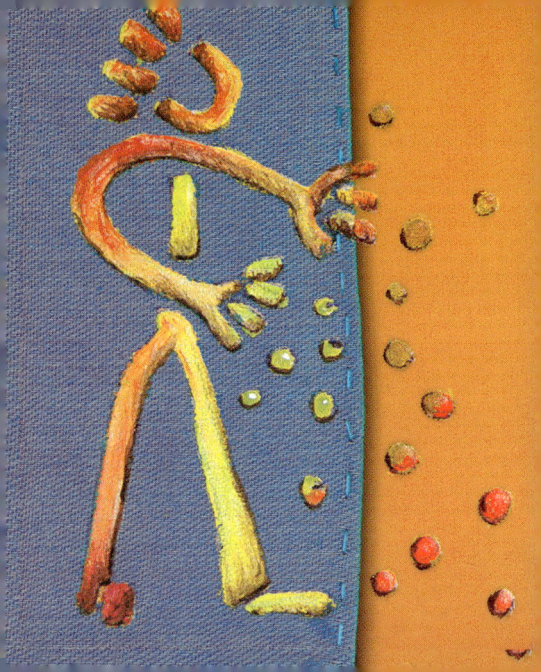

[13]

*Mi corazón
está siempre
a tu servicio.*

William Shakespeare

*Las personas generosas
no mueren nunca,
siempre dejan la sublime
estela de su recuerdo.*

Ros de Olano

Todo gesto compromete; sobre todo, el gesto generoso.

Roger Martin Du Gard

*Quien hace
un beneficio,
no pide recompensa;
quien pide
recompensa,
no hace
un beneficio.*

Refrán chino

*Hay más
felicidad
en dar
que en recibir.*

*Hechos de los Apóstoles,
La Biblia*

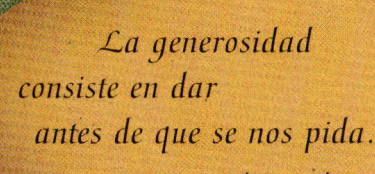

La generosidad consiste en dar antes de que se nos pida.

Proverbio árabe

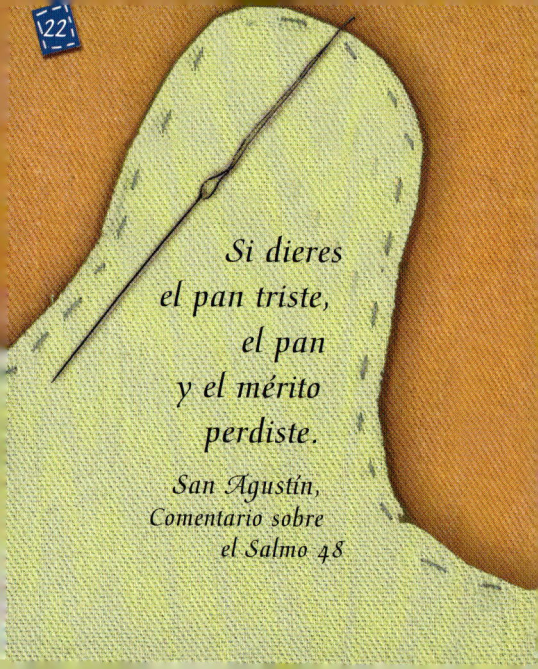

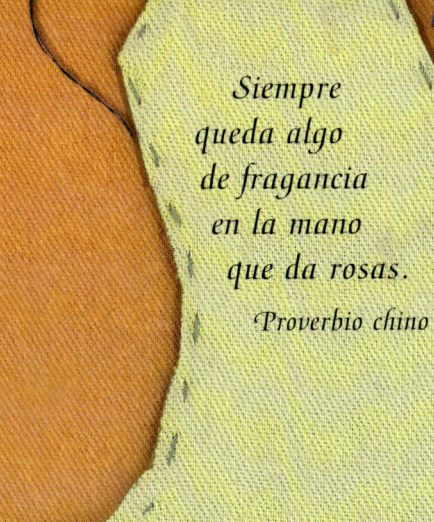

Siempre queda algo de fragancia en la mano que da rosas.

Proverbio chino

¿Dónde vamos
a encontrar a alguien
que haya recibido
de otro cualquiera
más favores
de los que los hijos
reciben de sus padres?

Jenofonte

*Sólo disfrutamos
verdaderamente
de lo que compartimos.*

Madame de Gentis

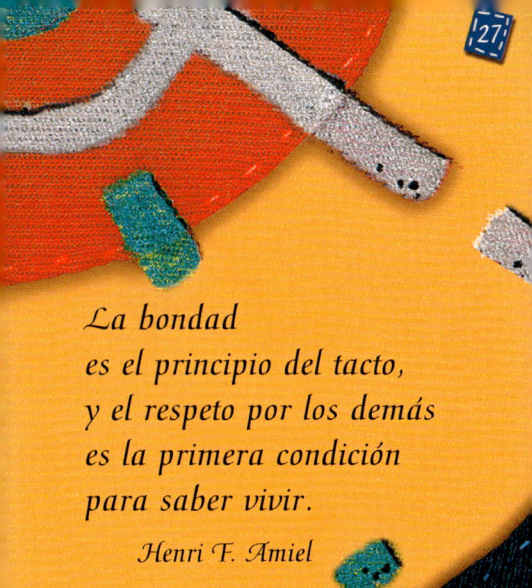

*La bondad
es el principio del tacto,
y el respeto por los demás
es la primera condición
para saber vivir.*

Henri F. Amiel

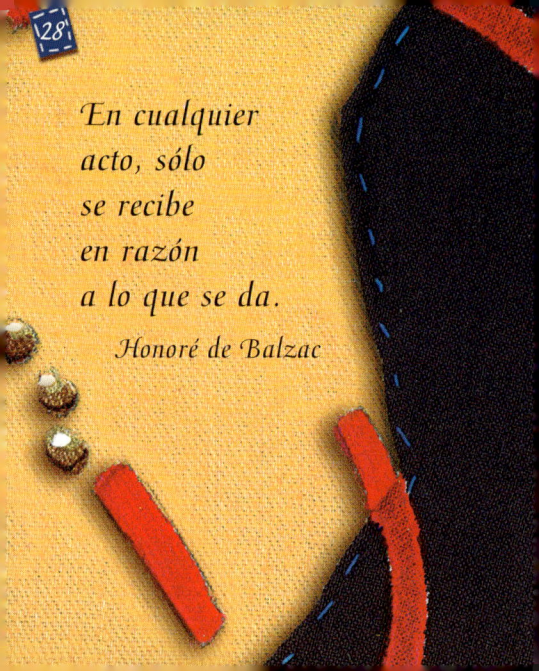

La buena hospitalidad es sencilla; consiste en un poco de fuego, algo de comida y mucha quietud.

— Ralph Waldo Emerson

> La bondad es la cadena de oro que enlaza a la sociedad.
>
> *Goethe*

*Haz
el bien
sin mirar
a quien.*

Refrán popular

*Entre dos soluciones,
opta siempre
por la más generosa.*

Krishnamurti

*El ser humano
es bueno cuando hace
mejores a los otros.*

Proverbio ruso

El mundo se compone de los que dan y de los que reciben. Puede que los segundos coman mejor, pero duermen mejor los primeros.

Séneca

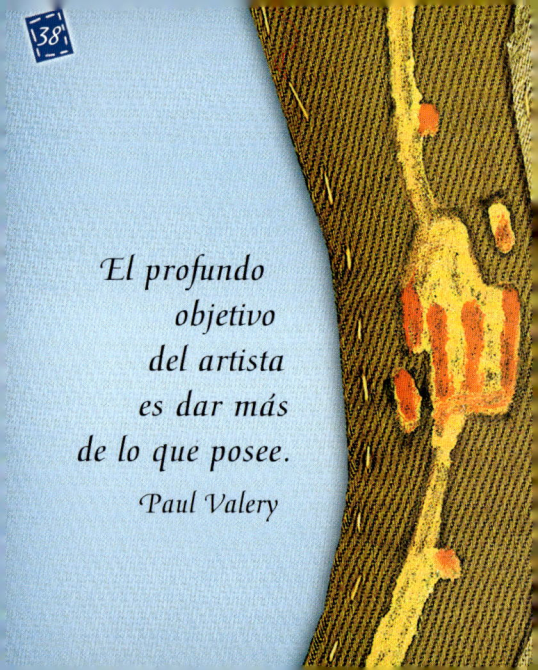

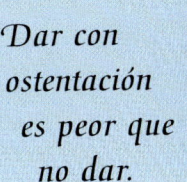

Dar con ostentación es peor que no dar.

Clemente XIV

Nunca se da tanto como cuando se dan esperanzas.

Anatole France

La obra humana más bella es la de ser útil al prójimo.

Sófocles

*La generosidad
es el deseo de quien quiere,
siguiendo el dictamen
de su razón, ayudar
a los demás.*

Baruch Spinoza

*El que hace sufrir al prójimo
se causa daño a sí mismo.
El que ayuda a los demás
se ayuda a sí mismo.*

León Tolstoi

*Los hombres
se asemejan a los dioses
cuando hacen el bien
a la humanidad.*

Marco Tulio Cicerón

No reconozco otro signo de excelsitud que la bondad.

Beethoven

*No busques
qué dar…
Date a ti
mismo…*

San Agustín

*Quien vacila al tomar,
tendrá miedo de dar.*

El Caballero
de la Capa Bermeja

Las personas generosas suelen ser malos comerciantes.

Honoré de Balzac

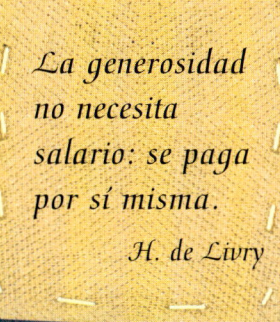

La generosidad no necesita salario: se paga por sí misma.

H. de Livry

Es dichoso solamente quien puede dar.

Goethe

[53]

*A quien
te pida, dale;
y al que desee
que le prestes algo
no le vuelvas
la espalda.*

Mateo 5, 42, La Biblia

La verdadera generosidad hacia el porvenir es darlo todo en el presente.

Albert Camus

*El motivo es el que fija
el mérito de las acciones
humanas; y
el desinterés,
el que las lleva
a la perfección.*

Jean de La Bruyère

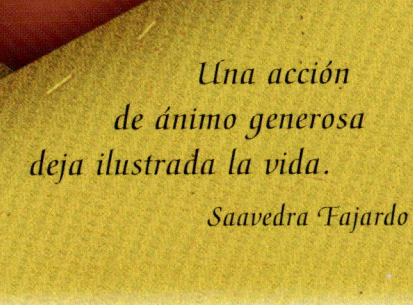

*Una acción
de ánimo generosa
deja ilustrada la vida.*

Saavedra Fajardo

De todas
las variedades
de la virtud,
la generosidad
es la más
estimada.

Aristóteles

Quien da limosna de continuo tendrá siempre riquezas.

Refrán chino

El placer de los banquetes no debe medirse por la voluptuosidad de los manjares, sino por la compañía de los amigos y por sus discursos.

Marco Tulio Cicerón

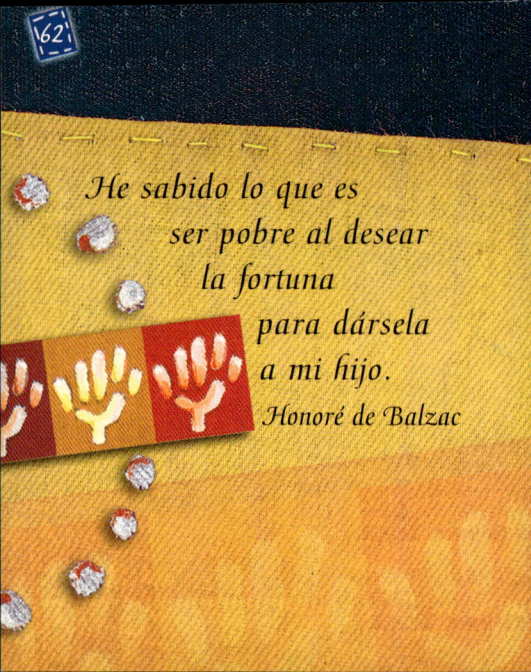

*El hombre es, a veces,
más generoso cuando tiene
poco dinero que cuando
tiene mucho, quizá
por temor a descubrir
su escasa fortuna.*

Benjamín Franklin

*Si eres rico,
haz otro rico.*

Raimundo Lulio

Dad y se os dará.

Evangelio
de san Lucas,
La Biblia

*Si das pescado
a un hombre
hambriento, lo nutres
durante una jornada.
Si le enseñas
a pescar, lo nutrirás
toda la vida.*

Lao Tse

A los ojos
de la caridad
no es nunca pequeño
el bien que se hace
ni el mal que se evita.

Concepción Arenal

Dios, aunque invisible, tiene siempre una mano tendida para levantar por un extremo la carga que abruma al pobre.

Gustavo A. Bécquer

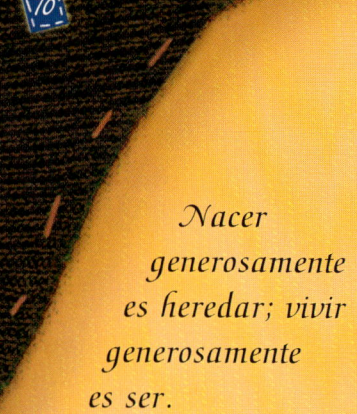

Nacer generosamente es heredar; vivir generosamente es ser.

Quevedo

*Son más preciosos
los dones que el distribuidor
aprecia más.*

    Ovidio

*Aprende a dar
a cada uno lo que le toca,
y a ofrecerle algo más.*

Joaquín Setanti

*La generosidad
sufre las desgracias
del prójimo, como si fuera
ella la responsable.*

Vauvenargues

Cuando dais de vuestros bienes, sólo dais un poco. Cuando dais algo de vosotros mismos, es cuando realmente dais.

Khalil Gibrán

*La época
de la generación
es también
la de la generosidad.*

                    Jean-Marie Guyau

*Vive ahora; no aguardes
a que llegue el mañana.
Coge hoy mismo
las cosas que
te ofrece la vida.*

Pierre de Ronsard

La bondad es lo que importa, pues es el bálsamo que pone un poco de suavidad en cualquier amarga llaga.

San Pío X

Dar es siempre
o piedad
o gallardía.

Zabaleta

*La mano que da,
aunque sea fea,
tiene segura su alabanza.*

William Shakespeare

*Con caridad el pobre
es rico, sin caridad
cualquier rico es pobre.*

San Agustín

El que tiene lo bastante para poder hacer bien a otros, es rico.

Thomas Browne

*El afán de riquezas
oscurece el sentido
de lo justo y lo injusto.*

                  Antífanes

*Llevo conmigo
mi riqueza.*

Marco Tulio Cicerón

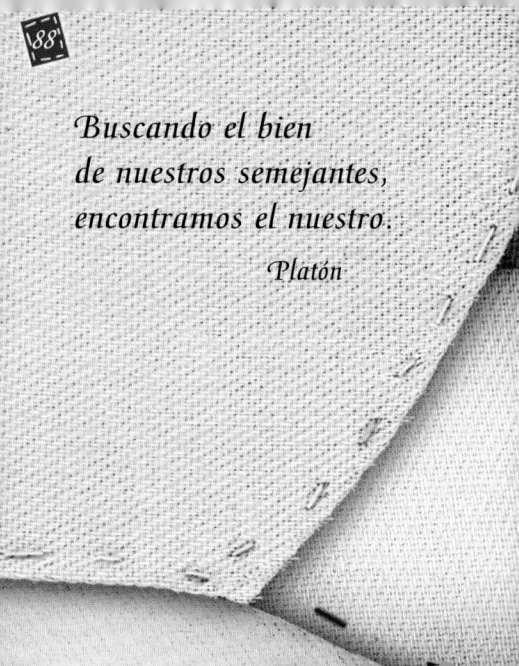

*Quien quiera
obtener algo,
antes debe
haberlo dado.*

Tao Te King

*No des
lo que te sobra,
da con alegría
y hasta
que te duela.*

Madre Teresa de Calcuta

*La caridad es un deber;
la elección de la forma,
un derecho.*

Concepción Arenal

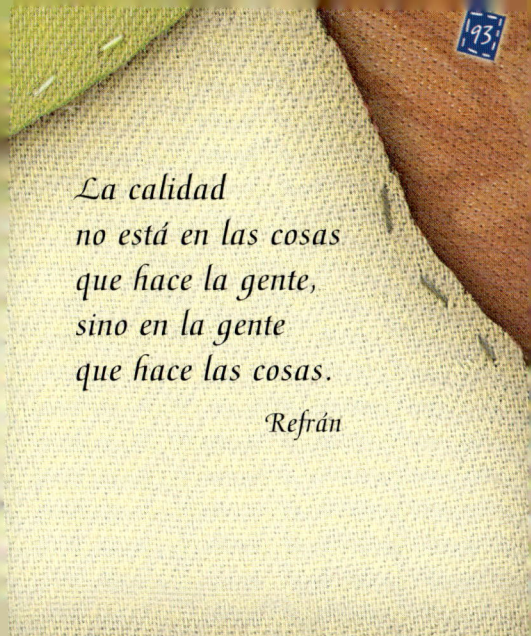

En las cosas necesarias,
la unidad; en las dudosas,
la libertad; y en todas,
la caridad.

San Agustín

Nadie puede ser verdaderamente rico si sus vecinos son pobres.

John F. Kennedy

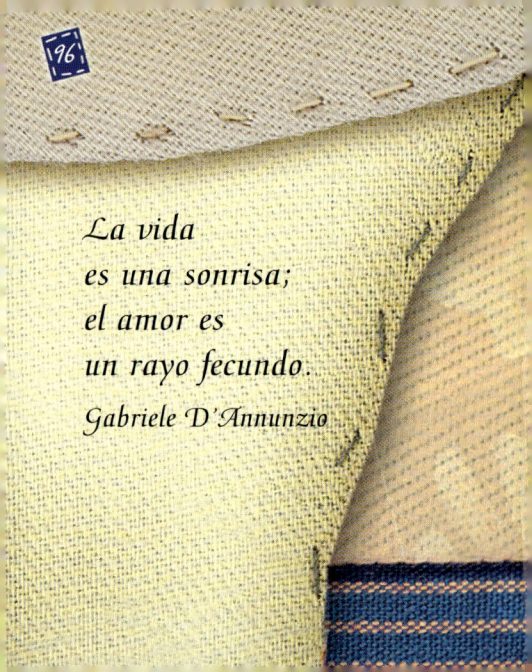